www.QuoraChinese.com

ESSENTIAL GUIDE TO CHINESE HISTORY

PART 15

QING DYNASTY

清朝

SECOND EDITION (LARGE PRINT)

学习简单的中国历史文化

QING QING JIANG

PREFACE

Welcome to the Chinese History series, a series dedicated to helping Mandarin Chinese learners improve Chinese reading skills. In this series, we will discover China's 5,000-year-old history. Each of the book will focus on one important ruling Chinese dynasty. The books contain numerous lessons in Mandarin Chinese. We start with a ruling dynasty specific preface (前言), a brief introduction to the dynasty or related themes, and continue to dig the important aspects of the ruling era, such as politics, economy, etc. in the form or chapters. Each book contains 5 to 10 chapters. For the readers' convenience, a comprehensive list of vocabulary has been provided at the beginning of each chapter. The pinyin for the Chinese text is provided after the main text. Further, to enforce deeper learning, the English interpretation of the Chinese text has been purposely excluded for the books. This would help the readers think deeply about the contents the way native Chinese think. In order to help the Chinese learner remember important characters, words, long words, idioms, etc., these entities have been purposely repeated throughout the book, and across the books in the series. Taken together, the books in Chinese History series will tremendously help readers improve their Chinese reading skills.

If you have any questions, suggestions, and feedbacks, feel free to let me know in the review or comments.

You can find more about China and Chinese culture on my amazon homepage.

I blog at:

www.QuoraChinese.com

-Qing Qing 江清清

©2023 Qing Qing Jiang

All rights reserved.

ESSENTIAL GUIDE TO CHINESE HISTORY

ACKNOWLEDGMENTS

I am a blogger. It has been a long and interesting journey since I started blogging quite a few years ago.

The blogging passion enabled me to write useful contents. In particular, I have been writing about China, and its culture.

My passion in writing was supported by my friends, colleagues, and most importantly, the almighty.

I thank everyone for constantly inspiring me in my life endeavours.

CONTENTS

PREFACE 2
ACKNOWLEDGMENTS 4
CONTENTS 5
INTRODUCTION TO THE HISTORY OF QING DYNASTY (清朝历史简介) 8
ISOLATED COUNTRY (闭关锁国) 11
DESTRUCTION OF OPIUM AT HUMEN (虎门销烟) 17
OPIUM WAR (鸦片战争) 22
WESTERNIZATION MOVEMENT (洋务运动) 27
BOXER REBELLION (义和团运动) 32
EIGHT ALLIED FORCES INVADED CHINA (八国联军侵华) 39

前言

　　前言：今天我们来说一说清朝，清朝是中国历史上最后一个封建王朝，它既是中国封建史的结束，也是中国近代史的开端。说清朝是封建史的结束是因为清朝过后再无皇帝。鸦片战争被公认为是中国近代史的开端，因为中国被迫打开国门，卷入了世界市场之中。不得不说，在清朝这段期间，中国的发展停滞不前，远远的落后于整个世界。对内，清朝实行专制制度，极端的控制人们的思想，对外实行闭关锁国的政策，停止与国外的贸易往来。清朝人民还深受鸦片的毒害，林则徐虎门销烟，触碰了外国人的利益，也是鸦片战争的导火索。自从鸦片战争发生后，清朝被迫与外国侵略者签订了很多不平等条约，并且逐渐沦为半殖民半封建社会。其间中国人也发起了洋务运动，戊戌变法义和团起义进行自救，但无奈最终都以失败告终。

Jīntiān wǒmen lái shuō yī shuō qīngcháo, qīngcháo shì zhōngguó lìshǐ shàng zuìhòu yīgè fēngjiàn wángcháo, tā jìshì zhōngguó fēngjiàn shǐ de jiéshù, yěshì zhōngguó jìndài shǐ de kāiduān. Shuō qīngcháo shì fēngjiàn shǐ de jiéshù shì yīnwèi qīngcháo guòhòu zài wú huángdì. Yāpiàn zhànzhēng bèi gōngrèn wéi shì zhōngguó jìndài shǐ de kāiduān, yīn wéi zhōngguó bèi pò dǎkāi guómén, juàn rùle shìjiè shìchǎng zhī zhōng. Bùdé bù shuō, zài qīngcháo zhè duàn qíjiān, zhōngguó de fǎ zhǎn tíngzhì bù qián, yuǎn yuǎn de luòhòu yú zhěnggè shìjiè. Duì nèi, qīngcháo shíxíng zhuānzhì zhìdù, jíduān dì kòngzhì rénmen de sīxiǎng, duìwài shíxíng bìguānsuǒguó de zhèngcè, tíngzhǐ yǔ guówài de màoyì wǎnglái. Qīngcháo rénmín hái shēn shòu yāpiàn de dúhài, línzéxú hǔmén xiāo yān, chù pèngle wàiguó rén de lìyì, yěshì yāpiàn zhànzhēng de dǎo huǒ suǒ. Zìcóng yāpiàn zhànzhēng fāshēng hòu, qīngcháo bèi pò yǔ wàiguó qīnlüè zhě qiāndìngle hěnduō bù píngděng tiáoyuē, bìngqiě zhújiàn lún wèi bàn zhímín bànfēngjiàn shèhuì. Qíjiān zhōngguó rén yě fāqǐle yángwù yùndòng, wùxū biànfǎ yìhétuán qǐyì jìnxíng zìjiù, dàn wúnài zuìzhōng dōu yǐ shībài gàozhōng.

INTRODUCTION TO THE HISTORY OF QING DYNASTY (清朝历史简介)

The Qing Dynasty (清朝), effectively ruling China from 1636 to 1912, was the last feudal dynasty (封建王朝) in Chinese history.

In 1616, Nurhaci (努尔哈, 1559-1626), the leader of the Jianzhou Jurchen (建州女真, one of the three major Jurchens), established Later Jin (后金, Houjin, 1616-1636). Later Jin, also known as Da Jin (大金), was a country founded on the basis of unifying all the Jurchens, the Manchu ethnic tribes. In order to distinguish it from the Jin Dynasty (金朝, 1115-1234), it is called "Houjin". Initially, it existed side by side with the Ming Dynasty (明朝, 1368-1644) for twenty years and became the predecessor of the Qing Dynasty.

In 1636, on request of the three ethnic groups of Han, Manchu, and Mongolian tribes, Huang Taiji (皇太极, 1592-1643), the eighth son of Nurhaci, changed the country's name to Da Qing (大清) and proclaimed to be the emperor. Although Huang Taiji was the first emperor of the Qing Dynasty, the scholars often regard Nurhaci as the actual founder of the Qing Dynasty.

The Qing rulers continued to fight against the Ming Dynasty, and won several battles, laying a solid foundation for the rapid expansion of the Qing Dynasty, and finally its occupation of the Central Plains.

In 1644, the Ming General Wu Sangui (吴三桂, 1612-1678) stationed at Shanhai Pass (山海关) surrendered to the Qing Dynasty, and the Qing troops entered the Shanhai Pass (清军入关). In the 20 years after entering the Shanhai Pass, several regimes, such as Dashun

(大顺, 1644-1645), Daxi (大西, 1644-1647), and Nanming (南明, 1644-1662) were defeated by Qing troops. Afterwards, Qing troops quelled the local rebellions, and went on to unify Taiwan.

In early 1912, Yuan Shikai (袁世凯, 1859-1916) -- a famous political and military figure and the leader of the Northern Warlords (北洋军阀, 1912-1927) -- lured the Qing Emperor Puyi (清帝溥仪, 1906-1967) to abdicate. Subsequently, the imperial edict of the abdication of the Qing emperor was issued, and the Qing Dynasty ended.

- ✓ 北洋 (běi yang): the Qing Dynasty name for the coastal provinces of Liaoning, Hebei and Shandong.

How long Qing Dynasty rule lasted in China depends on how one counts the ruling years. In general, the dynasty ruled for 296 years and had a total of 12 emperors. Well, Nurhaci established the Later Jin in 1616. The Qing Dynasty collapsed in 1912, about 296 years since the founding of the Later Jin. Alternatively, Huang Taiji set the country name Da Qing in 1636. Since then, its 266 years before the collapse of the Qing Dynasty. Also, since the Qing troops entered the Shanhai Pass in 1644 and truly established a national regime, the Qing rule lasted for 268 years.

After the First Opium War (鸦片战争, 1840-1842), the Qing empire was invaded by foreign powers, and the Qing empire witnessed exploration, the Hundred Days Reform (戊戌变法, 1898), modernization (近代化), and the Westernization Movement (洋务运动).

During the Qing Dynasty, China became a unified multi-ethnic state. The Qing rulers belonged to Manchu (满族) ethnic group. The rulers of the Qing Dynasty unified the Mongolian tribes (蒙古族/蒙古人). Xinjiang and Tibet were added into the empire. There were more than 50 ethnic groups, yet the country was unprecedentedly unified. In particular, during the Qianlong (乾隆, title of the fourth emperor's reign in Qing Dynasty) period, China's stature as a unified multi-ethnic world power was firmly established.

The imperial power was further consolidated in the Qing era. During the Qing Dynasty's heyday, the empire reached Congling (葱岭) and Balkhash Lake (巴尔喀什湖) in the west, Tannu Uriank Sea (唐努乌梁海) in the northwest, Siberia in the north, the Pacific Ocean (including Sakhalin Island) in the east, and Nansha Islands (南沙群岛) in the south.

During the Qing period, especially in the early Qing Dynasty, agriculture and commerce were developed, dense commercial cities appeared in the south of the Yangtze River, and large businesses appeared throughout the country. The population of the Qing empire exceeded the 400 million mark, accounting for nearly half of the world's total population of one billion.

During this period, China's traditional society achieved unprecedented development, territory was unified, the society was prosperous, the social life of the small-scale peasant economy was prosperous and stable. Overall, the national strength was strong. The empire actively maintained the integrity of the country's territorial sovereignty.

ISOLATED COUNTRY (闭关锁国)

1	前面	Qiánmiàn	In front; at the head; ahead
2	说到	Shuō dào	Mention; speak of; refer to; as to
3	闭关锁国	Bìguān suǒguó	Cut off one's country from the outside world
4	明朝	Míng cháo	The Ming dynasty; tomorrow morning
5	姑且	Gūqiě	Tentatively; for the moment
6	可以说	Kěyǐ shuō	It is not too much to say; it is too much to say; so to speak
7	统治	Tǒngzhì	Rule; dominate; control; govern
8	清朝	Qīngcháo	Qing Dynasty (1644-1911); enlightened reign
9	实实在在	Shí shízài zài	In the name of goodness; down-to-earth; on the level
10	错误	Cuòwù	Wrong; mistaken; incorrect; erroneous
11	从一开始	Cóng yī kāishǐ	From the beginning; Right from the start; from the outset
12	衰落	Shuāiluò	Decline; be on the wane; go downhill; fading
13	盛世	Shèngshì	Flourishing age; heyday
14	那就是	Nà jiùshì	That is; That is to say; Someone
15	最后一个	Zuìhòu yīgè	Last; the last one; First
16	从此以后	Cóngcǐ yǐhòu	From this moment on, henceforth
17	步入	Bù rù	Step in
18	深渊	Shēnyuān	Chasm; abyss
19	之所以	Zhī suǒyǐ	The reason why
20	做出	Zuò chū	Make (a decision, etc.)

21	之上	Zhī shàng	On; above; over
22	虚假	Xūjiǎ	False; sham
23	繁荣	Fánróng	Flourishing; prosperous; booming
24	迷失	Míshī	Lose
25	双眼	Shuāng yǎn	Binoculars
26	历朝	Lìcháo	Successive dynasties; past dynasties; successive reigns of a dynasty
27	历代	Lìdài	Successive dynasties; past dynasties
28	小农经济	Xiǎonóng jīngjì	Small-peasant economy; small-scale peasant economy; small-scale farming by individual owners
29	物产	Wùchǎn	Products; produce
30	富饶	Fùráo	Richly endowed; fertile; abundant; rich
31	贫苦	Pínkǔ	Poor; poverty-stricken; badly off; impoverished
32	剥削	Bōxuè	Exploit
33	压榨	Yāzhà	Press; squeeze; expression; mechanical expression
34	封建制度	Fēngjiàn zhìdù	Feudalism; feudal system
35	迫害	Pòhài	Persecute; oppress cruelly
36	统治者	Tǒngzhì zhě	Ruler; sovereign
37	进来	Jìnlái	Come in; get in; enter; in
38	他们的	Tāmen de	Their; theirs
39	造成不利	Zàochéng bùlì	Be unfavorable to
40	况且	Kuàngqiě	Moreover; besides; in addition; furthermore
41	短浅	Duǎnqiǎn	Narrow and shallow

42	就算	Jiùsuàn	Even if; granted that
43	天朝	Tiāncháo	Celestial; imperial court; the Taiping Heavenly Kingdom; a reference to the Chinese imperial court by Chinese envoys or by barbarians who paid tributes to China
44	不需要	Bù xūyào	No; not required
45	不知道	Bù zhīdào	A stranger to; have no idea
46	爆发	Bàofā	Erupt; burst; break out; blow up
47	资产阶级革命	Zīchǎn jiējí gémìng	Bourgeois revolution
48	火热	Huǒrè	Burning hot; fervent; fiery; intimate
49	工业革命	Gōngyè gémìng	Industrial revolution; the Industrial Revolution
50	封闭	Fēngbì	Seal off; seal; close
51	这段时间	Zhè duàn shíjiān	One of these days you'll be; All the time; The period of time
52	拉开	Lā kāi	Pull open; draw back
53	愚昧	Yúmèi	Fatuous; benighted; ignorant
54	一无所知	Yī wú suǒ zhī	Know nothing at all; be absolutely ignorant of; be blind to something
55	沉浸	Chénjìn	Immerse; steep
56	故步自封	Gùbùzì fēng	Be content with staying where one is; to enjoy the status quo
57	与世隔绝	Yǔ shì géjué	Retire into one's shell; be cut off from the outside world; be cut off from the rest of the world; be isolated from the world
58	落后于	Luòhòu yú	Behind; fall behind; lag behind
59	尤其是	Yóuqí shì	In particular; the more so; to crown

			all
60	西方国家	Xīfāng guójiā	The Western countries
61	资本主义国家	Zīběn zhǔyì guójiā	Capitalistic state; capitalist country

Chinese (中文)

前面我们有说到闭关锁国政策明朝也有过，明朝的闭关锁国，我们姑且可以说是为了政治的需要，并没有对统治造成太大的影响。而清朝的闭关锁国政策，实实在在就是一个错误的决策。

其实清朝并非从一开始就衰落，也是有过一段盛世的，那就是康乾盛世。可以说这是中国史上最强大的盛世，但也是最后一个。这是清朝的高光时刻，从此以后便一振不撅，步入深渊之中。

而清朝之所以能做出闭关锁国的政策，也是建立在康乾盛世的基础之上的吧，虚假的繁荣让他们迷失了双眼。

中国历朝历代都是以小农经济为主，农作物丰富且物产富饶，但是生活在底层的农民却过得十分贫苦。因为统治者把他们当成低廉的劳动力，剥削压榨他们，这便是封建制度对农民的迫害。

统治者担心国外一些新的思想传进来会对他们的统治造成不利的影响，况且统治者觉得短浅的认为就算实行闭关锁国的政策，对他们的影响也不大，因为他们是天朝上国，是不需要依靠别人的。

但是他们不知道的是，在清朝闭关锁国的这些年里，美国宣布独立，法国爆发资产阶级革命，火热的进行工业革命。在他们自我封闭的这段时间里，国外已经进步的非常迅速了，差距便由此拉开。

这一切，愚昧的统治者都一无所知。他们沉浸在自己打造的世界之中，故步自封，与世隔绝，并且逐渐落后于世界，尤其是一些西方国家，这也为后面的资本主义国家入侵埋下了隐患。

Pinyin (拼音)

Qiánmiàn wǒmen yǒu shuō dào bìguānsuǒguó zhèngcè míng cháo yěyǒuguò, míng cháo de bìguānsuǒguó, wǒmen gūqiě kěyǐ shuō shì wèile zhèngzhì de xūyào, bìng méiyǒu duì tǒngzhì zàochéng tài dà de yǐngxiǎng. Ér qīngcháo de bìguānsuǒguó zhèngcè, shí shízài zài jiùshì yīgè cuòwù de juécè.

Qíshí qīngcháo bìngfēi cóng yī kāishǐ jiù shuāiluò, yěshì yǒuguò yīduàn shèngshì de, nà jiùshì kāng gàn shèngshì. Kěyǐ shuō zhè shì zhōngguó shǐshàng zuì qiáng dà de shèngshì, dàn yěshì zuìhòu yīgè. Zhè shì qīngcháo de gāoguāng shíkè, cóngcǐ yǐhòu biàn yī zhèn bù juē, bù rù shēnyuān zhī zhōng.

Ér qīng zhāo zhī suǒyǐ néng zuò chū bìguānsuǒguó de zhèngcè, yěshì jiànlì zài kāng gàn shèngshì de jīchǔ zhī shàng de ba, xūjiǎ de fánróng ràng tāmen míshīle shuāngyǎn.

Zhōngguó lìcháo lìdài dōu shì yǐ xiǎonóng jīngjì wéi zhǔ, nóngzuòwù fēngfù qiě wùchǎn fùráo, dànshì shēnghuó zài dǐcéng de nóngmín quèguò dé shífēn pínkǔ. Yīnwèi tǒngzhì zhě bǎ tāmen dàngchéng dīlián de láodònglì, bōxuè yāzhà tāmen, zhè biàn shì fēngjiàn zhìdù duì nóngmín de pòhài.

Tǒngzhì zhě dānxīn guówài yīxiē xīn de sīxiǎng chuán jìnlái huì duì tāmen de tǒngzhì zàochéng bùlì de yǐngxiǎng, kuàngqiě tǒngzhì zhě juédé duǎnqiǎn de rènwéi jiùsuàn shíxíng bìguānsuǒguó de zhèngcè, duì tāmen de yǐngxiǎng yě bù dà, yīnwèi tāmen shì tiāncháo shàng guó, shì bù xūyào yīkào biérén de.

Dànshì tāmen bù zhīdào de shì, zài qīngcháo bìguānsuǒguó de zhèxiē nián lǐ, měiguó xuānbù dúlì, fàguó bàofā zīchǎn jiējí gémìng, huǒrè de jìnxíng gōngyè gémìng. Zài tāmen zìwǒ fēngbì de zhè duàn shíjiān lǐ, guówài yǐjīng jìnbù de fēicháng xùnsùle, chājù biàn yóu cǐ lā kāi.

Zhè yīqiè, yúmèi de tǒngzhì zhě dōu yī wú suǒ zhī. Tāmen chénjìn zài zìjǐ dǎzào de shìjiè zhī zhōng, gùbùzìfēng, yǔ shì géjué, bìngqiě zhújiàn luòhòu yú shìjiè, yóuqí shì yīxiē xīfāng guójiā, zhè yě wèi hòumiàn de zīběn zhǔyì guójiā rùqīn mái xiàle yǐnhuàn.

DESTRUCTION OF OPIUM AT HUMEN (虎门销烟)

1	越来越	Yuè lái yuè	More and more
2	腐败	Fǔbài	Rotten; decayed; go home
3	无能	Wúnéng	Incompetent; incapable
4	欧美	Ōuměi	Europe and America; Western
5	越来越好	Yuè lái yuè hǎo	Become better and better; become better with each passing day
6	不断地	Bùduàn de	End-to-end; steadily; together
7	向外	Xiàng wài	Outward
8	侵略扩张	Qīnlüè kuòzhāng	Aggression and expansion
9	眼光	Yǎnguāng	Eye; sight; foresight; insight
10	地大物博	Dìdà wùbó	Vast territory and abundant resources
11	广阔	Guǎngkuò	Vast; wide; spacious; expansive
12	情有可原	Qíng yǒu kě yuán	Excusable; circumstances which lessen or palliate a fault or a crime
13	农业经济	Nóngyè jīngjì	Agricultural economy
14	对外	Duìwài	External; foreign
15	丝绸	Sīchóu	Silk cloth; silk
16	反而	Fǎn'ér	On the contrary; instead; but
17	基本上	Jīběn shàng	Mainly
18	物品	Wùpǐn	Article; goods
19	海外	Hǎiwài	Overseas; abroad
20	中国人	Zhōngguó rén	Chinese
21	鸦片	Yāpiàn	Opium
22	他们的	Tāmen de	Their; theirs
23	诡计	Guǐjì	Crafty plot; cunning scheme
24	上瘾	Shàngyǐn	Be addicted; get into the habit

25	吸食	Xīshí	Suck; take in
26	个个	Gè gè	Each and every one; all
27	瘦骨嶙峋	Shòugǔ línxún	Become as emaciated as a fowl; a bag of bones
28	忍不住	Rěn bù zhù	Unable to bear; unbearable; unable to restrain
29	外国人	Wàiguó rén	Foreigner
30	走私	Zǒusī	Smuggle
31	贩卖	Fànmài	Traffic; peddle; sell; marketing
32	泛滥	Fànlàn	Be in flood; overflow
33	身体素质	Shēntǐ sùzhì	Physical quality
34	银子	Yínzi	Silver
35	流向	Liúxiàng	Flow direction
36	财政收入	Cáizhèng shōurù	Revenue; financial revenue; public revenue
37	大大减少	Dàdà jiǎnshǎo	Deplete
38	林则徐	Línzéxú	Lin Zexu (1785-1850); Canton viceroy who tried to halt the opium trade
39	知道了	Zhīdàole	Got it
40	气愤	Qìfèn	Indignant; furious; angry; with anger
41	连忙	Liánmáng	Promptly; immediately; instantly; in a hurry
42	禁止鸦片	Jìnzhǐ yāpiàn	Prohibition of opium
43	后患无穷	Hòuhuàn wúqióng	No end of trouble for the future; endless trouble
44	钦差大臣	Qīnchāi dàchén	Commissioner; imperial envoy; imperial commissioner
45	即刻	Jíkè	At once; immediately; instantly;

			right away
46	禁烟	Jìnyān	Ban on opium-smoking and the opium trade
47	皇帝	Huángdì	Emperor
48	大张旗鼓	Dàzhāng qígǔ	Put up a pageantry; give wide publicity to
49	广州	Guǎngzhōu	Guangzhou
50	缴获	Jiǎohuò	Capture; seize
51	经历	Jīnglì	Go through; undergo; experience
52	大部分	Dà bùfèn	Most; best; gross
53	销毁	Xiāohuǐ	Destroy by melting or burning
54	据说	Jùshuō	It is said; they say; allegedly
55	一共	Yīgòng	Altogether; in all; all told
56	整整	Zhěng zhěng	Whole; full; exactly
57	天才	Tiāncái	Genius; talent; gift; natural
58	弥漫	Mímàn	Suffuse; pervade; veil; fill the air; permeate
59	硝烟	Xiāoyān	Smoke of gunpowder

Chinese (中文)

由于清朝政治越来越腐败无能，而欧美国家却发展的越来越好。他们不断地向外侵略扩张，最后把眼光放在了中国。

中国地大物博，市场十分广阔，所以他们选择中国也情有可原。但是中国的农业经济导致他们对外的需求很少，相反，国外对中国生产的棉，麻，丝绸其实反而需求很大，所以基本上都是中国的物品销售往海外各国。

所以一些外国人就想着通过不正当的手段来赚中国人的钱，鸦片便是他们的诡计之一。鸦片是一种吸了就会使人上瘾的毒品，吸食鸦片的人个个瘦骨嶙峋，被鸦片折磨的不成样子，但是仍然忍不住还要吸食。

外国人通过走私贩卖了大量的鸦片到中国。鸦片的泛滥，不仅仅使得国人身体素质降低，还使得大量的银子流向外国，使得本国的财政收入大大减少，于个人于国家而言都是极为不利的存在。

林则徐知道了这件事后非常气愤，他连忙上奏给皇帝，说道必须要禁止鸦片的走私和贩卖，否则将后患无穷。皇帝被林则徐说服了，便任命林则徐为钦差大臣即刻前往广州开展禁烟工作。

在得到皇帝的支持后，林则徐便开始大张旗鼓的开展禁烟了。他一到广州便去缴获鸦片，在经历了一番斗智斗勇后，林则徐还是把大部分的鸦片找出来了。

接下来的一步就是销烟，在皇帝的指示下，林则徐将缴到的鸦片全部销毁。据说，林则徐一共用了整整二十三天才将鸦片全部销毁，天空弥漫着硝烟，从中我们也可以看出鸦片的数量有多庞大。

Pinyin (拼音)

Yóuyú qīngcháo zhèngzhì yuè lái yuè fǔbài wúnéng, ér ōuměi guójiā què fāzhǎn de yuè lái yuè hǎo. Tāmen bùduàn dì xiàng wài qīnlüè kuòzhāng, zuìhòu bǎ yǎnguāng fàng zàile zhōngguó.

Zhōngguó dìdàwùbó, shìchǎng shífēn guǎngkuò, suǒyǐ tāmen xuǎnzé zhōngguó yě qíng yǒu kě yuán. Dànshì zhōngguó de nóngyè jīngjì dǎozhì tāmen duìwài de xūqiú hěn shǎo, xiāngfǎn, guówài duì zhōngguó shēngchǎn de mián, má, sīchóu qíshí fǎn'ér xūqiú hěn dà, suǒyǐ jīběn shàng dū shì zhōngguó de wùpǐn xiāoshòu wǎng hǎiwài gèguó.

Suǒyǐ yīxiē wàiguórén jiù xiǎngzhe tōngguò bu zhèngdàng de shǒuduàn lái zhuàn zhōngguó rén de qián, yāpiàn biàn shì tāmen de guǐjì zhī yī. Yāpiàn shì yī zhǒng xīle jiù huì shǐ rén shàngyǐn de dúpǐn, xīshí yāpiàn de rén gè gè shòugǔlínxún, bèi yāpiàn zhémó de bùchéng yàngzi, dànshì réngrán rěn bù zhù hái yào xīshí.

Wàiguó rén tōngguò zǒusī fànmàile dàliàng de yāpiàn dào zhōngguó. Yāpiàn de fànlàn, bùjǐn jǐn shǐdé guó rén shēntǐ sùzhì jiàngdī, hái shǐdé dàliàng de yín zǐ liúxiàng wàiguó, shǐdé běnguó de cáizhèng shōurù dàdà jiǎnshǎo, yú gèrén yú guójiā ér yán dōu shì jíwéi bùlì de cúnzài.

Línzéxú zhīdàole zhè jiàn shìhòu fēicháng qìfèn, tā liánmáng shàngzòu gěi huángdì, shuōdao bìxū yào jìnzhǐ yāpiàn de zǒusī hé fànmài, fǒuzé jiāng hòuhuàn wúqióng. Huángdì bèi línzéxú shuōfúle, biàn rènmìng línzéxú wèi qīnchāi dàchén jíkè qiánwǎng guǎngzhōu kāizhǎn jìnyān gōngzuò.

Zài dédào huángdì de zhīchí hòu, línzéxú biàn kāishǐ dàzhāngqígǔ de kāizhǎn jìnyānle. Tā yī dào guǎngzhōu biàn qù jiǎohuò yāpiàn, zài jīnglìle yī fān dòuzhì dòu yǒng hòu, línzéxú háishì bǎ dà bùfèn de yāpiàn zhǎo chūláile.

Jiē xiàlái de yībù jiùshì xiāoyān, zài huángdì de zhǐshì xià, línzéxú jiāng jiǎo dào de yāpiàn quánbù xiāohuǐ. Jùshuō, línzéxú yī gòngyòngle zhěngzhěng èrshísān tiāncái jiāng yāpiàn quánbù xiāohuǐ, tiānkōng mímànzhe xiāo yān, cóngzhōng wǒmen yě kěyǐ kàn chū yāpiàn de shùliàng yǒu duō pángdà.

OPIUM WAR (鸦片战争)

1	侵犯	Qīnfàn	Encroach on; infringe upon; violate
2	他们的	Tāmen de	Their; theirs
3	借口	Jièkǒu	Use as an excuse; on the pretext of; on the excuse of
4	发动	Fādòng	Start; launch; engine on; get started
5	背后	Bèihòu	Behind; at the back; in the rear
6	大有文章	Dà yǒu wénzhāng	There is more to know; there seems to be much behind all this
7	仅仅	Jǐnjǐn	Only; merely; barely; simply
8	导火索	Dǎo huǒ suǒ	Blasting fuse; powderhose
9	当时	Dāngshí	Then; at that time; just at that moment; right away; at once; immediately
10	工业革命	Gōngyè gémìng	Industrial revolution; the Industrial Revolution
11	向外	Xiàng wài	Outward
12	扩张	Kuòzhāng	Expand; aggrandize; enlarge; extend
13	寻找	Xúnzhǎo	Seek; look for; search; searching
14	下一个	Xià yīgè	Next; the next one
15	进攻	Jìngōng	Attack; assault; offensive
16	预谋	Yùmóu	Premeditate; deliberate; plan beforehand; plan in advance
17	空穴来风	Kōngxué láifēng	An empty hole invites the wind
18	此时	Cǐ shí	This moment; right now; now; at present
19	一无所知	Yī wú suǒ zhī	Know nothing at all; be absolutely

			ignorant of
20	即将到来	Jíjiāng dàolái	Upcoming
21	不知道	Bù zhīdào	A stranger to; have no idea; I don't know; No
22	崛起	Juéqǐ	Rise abruptly; rise sharply; suddenly appear on the horizon
23	到家	Dàojiā	Reach a very high level; be perfect; be excellent
24	门口	Ménkǒu	Entrance; doorway; threshold; door
25	自大	Zì dà	Self-important; arrogant; conceited
26	眼里	Yǎn lǐ	Within one's vision; in one's eyes
27	大炮	Dàpào	Artillery; big gun; cannon
28	国门	Guómén	Gateway of a country; national border; goalkeeper of the national team; national goalkeeper
29	慌张	Huāng zhāng	Flurried; flustered; confused; trepidation
30	船只	Chuánzhī	Shipping; vessels
31	炮弹	Pàodàn	Cannonball; shell; cartridge; bullet
32	工业革命	Gōngyè gémìng	Industrial revolution; the Industrial Revolution
33	防御力	Fángyù lì	Defensive power
34	无奈	Wúnài	Cannot help but; have no alternative; have no choice
35	之下	Zhī xià	Under
36	皇帝	Huángdì	Emperor
37	英国	Yīngguó	Britain; England; the United Kingdom
38	谈判	Tánpàn	Negotiations; talks; negotiate
39	也就是	Yě jiùshì	Namely; i.e.; that is
40	签订	Qiāndìng	Conclude and sign

41	不平等条约	Bù píng děng tiáo yuē	Unequal treaty; unjust treaty
42	南京条约	Nánjīng tiáoyuē	The Sino-British Treaty of Nanking (1842)
43	条约	Tiáoyuē	Convention; treaty; pact
44	割地赔款	Gēdì péikuǎn	Cede territory and pay indemnities
45	还要	Hái yào	Even/still more; still want to
46	一同	Yītóng	Together with; in the company of
47	商定	Shāngdìng	Decide through consultation
48	关税	Guānshuì	Customs; duty; customs duties
49	极大	Jí dà	Maximum
50	危害	Wéihài	Harm; endanger; detriment
51	主权	Zhǔquán	Sovereign rights; sovereignty
52	鸦片战争	Yāpiàn zhànzhēng	First opium war; second opium war
53	中国	Zhōngguó	China
54	开始	Kāishǐ	Begin; start; initiate; commence
55	与此同时	Yǔ cǐ tóngshí	At the same time; in the meantime
56	被迫	Bèi pò	Be compelled; be forced; be constrained; be coerced
57	进入	Jìnrù	Get into; enter; entry; entering
58	现代化	Xiàndài huà	Modernize; modernization

Chinese (中文)

1840 年，英国以虎门销烟侵犯他们的利益为借口，向中国发动了第一次鸦片战争。其实这场战争的背后大有文章，虎门销烟仅仅只是一个导火索。

当时的英国通过工业革命得到了巨大的发展，欧洲各国都在不断的向外扩张，寻找更多的资源和市场，中国，便是他们的下一个目标，所以英国进攻中国是早有预谋，并不是空穴来风。

而此时的中国还在闭关锁国之中，对外面的世界一无所知，对即将到来的危险也一无所知，他们也不知道外国的崛起。哪怕是敌人打到家门口了，他们也自大的认为别人根本对他们构不成威胁，根本就没放在眼里。

直到敌人用大炮轰开了国门，国人才开始慌张。此时的英国已经不可小觑了，他们用的船只炮弹可比清朝的强多了，这都是工业革命的成果，武器的攻击力和防御力都远超中国，所以我们根本就不是他们的对手。

无奈之下，皇帝派人与英国谈判。也就是这个时候，中国签订了第一条不平等条约，也就是《南京条约》。

根据条约的规定，我们需要向英国割地赔款，甚至还要一同商定关税，这极大的危害了我国的主权。

鸦片战争后，中国开始沦为半殖民地半封建社会，但与此同时，中国但也被迫进入现代化。

Pinyin (拼音)

1840 Nián, yīngguó yǐ hǔmén xiāo yān qīnfàn tāmen de lìyì wèi jièkǒu, xiàng zhōngguó fādòngle dì yī cì yāpiàn zhànzhēng. Qíshí zhè chǎng zhànzhēng de bèihòu dà yǒu wénzhāng, hǔmén xiāo yān jǐnjǐn zhǐshì yīgè dǎo huǒ suǒ.

Dāngshí de yīngguó tōngguò gōngyè gémìng dédàole jùdà de fā zhǎn, ōuzhōu gèguó dū zài bùduàn de xiàng wài kuòzhāng, xúnzhǎo gèng duō de zīyuán hé shìchǎng, zhōngguó, biàn shì tāmen de xià yīgè mùbiāo, suǒyǐ yīngguó jìngōng zhōngguó shì zǎo yǒu yùmóu, bìng bùshì kōngxuéláifēng.

Ér cǐ shí de zhōngguó hái zài bìguānsuǒguó zhī zhōng, duì wàimiàn de shìjiè yī wú suǒ zhī, duì jíjiāng dàolái de wéixiǎn yě yī wú suǒ zhī, tāmen yě bù zhīdào wàiguó de juéqǐ. Nǎpà shì dírén dǎ dàojiā ménkǒule, tāmen yě zì dà de rènwéi biérén gēnběn duì tāmen gòu bùchéng wēixié, gēnběn jiù méi fàng zài yǎn lǐ.

Zhídào dírén yòng dàpào hōng kāile guómén, guó réncái kāishǐ huāngzhāng. Cǐ shí de yīngguó yǐjīng bùkě xiǎo qùle, tāmen yòng de chuánzhī pàodàn kěbǐ qīngcháo de qiáng duōle, zhè dōu shì gōngyè gémìng de chéngguǒ, wǔqì de gōngjí lì hé fángyù lì dōu yuǎn chāo zhōngguó, suǒyǐ wǒmen gēnběn jiù bùshì tāmen de duìshǒu.

Wúnài zhī xià, huángdì pài rén yǔ yīngguó tánpàn. Yě jiùshì zhège shíhòu, zhōngguó qiāndìngle dì yī tiáo bù píngděng tiáoyuē, yě jiùshì "nánjīng tiáoyuē".

Gēnjù tiáoyuē de guīdìng, wǒmen xūyào xiàng yīngguó gēdì péikuǎn, shènzhì hái yào yītóng shāngdìng guānshuì, zhè jí dà de wéihàile wǒguó de zhǔquán.

Yāpiàn zhànzhēng hòu, zhōngguó kāishǐ lún wèi bàn zhímíndì bànfēngjiàn shèhuì, dàn yǔ cǐ tóngshí, zhōngguó dàn yě bèi pò jìnrù xiàndàihuà.

WESTERNIZATION MOVEMENT (洋务运动)

1	鸦片战争	Yāpiàn zhàn zhēng	First opium war; second opium war
2	一部分	Yībùfèn	A part; a portion
3	痛定思痛	Tòngdìng sītòng	Recall past pain; recall a painful experience
4	开启	Kāiqǐ	Open
5	自救	Zìjiù	Save oneself; provide for and help oneself
6	行动	Xíngdòng	Move about; get about; act; take action
7	其中	Qízhōng	Among; in; inside
8	比较	Bǐjiào	Compare; compare with; contrast; parallel
9	有名	Yǒumíng	Well-known; famous; celebrated
10	洋务运动	Yángwù yùndòng	Westernization Movement (19th century)
11	简单介绍	Jiǎndān jièshào	Brief; Brief Introduction; intro
12	那就是	Nà jiùshì	That is; That is to say; Someone
13	主张	Zhǔzhāng	Proposal; opinion; assertion; view
14	西方国家	Xīfāng guójiā	The Western countries
15	先进技术	Xiānjìn jìshù	Advanced technology; advance techniques
16	挽留	Wǎnliú	Urge somebody to stay; persuade somebody to stay

#	词	拼音	英文
17	摇摇欲坠	Yáoyáo yùzhuì	Shake and crumble; be shaky and unsteady
18	统治	Tǒngzhì	Rule; dominate; control; govern
19	可以	Kěyǐ	Can; may; passable; pretty good
20	部分	Bùfèn	Part; section; portion
21	自强	Zìqiáng	Self-improvement
22	主要	Zhǔyào	Main; chief; principal; major
23	后半	Hòu bàn	Latter half; second half
24	前期	Qiánqí	Earlier stage; early days
25	洋务派	Yángwù pài	Officials advocating Westernization in the 19th century
26	创办	Chuàng bàn	Establish; set up; found; sponsor
27	军事工业	Jūnshì gōngyè	Military industry; war industry
28	等等	Děng děng	Wait a minute; and so on; and so on and so forth; etc.
29	国防力量	Guófáng lìliàng	National defense capabilities
30	在这期间	Zài zhè qíjiān	In the meantime; during time; in this time
31	现代化	Xiàn dàihuà	Modernize; modernization; update; streamline
32	海军	Hǎijūn	Sea service; navy
33	舰队	Jiànduì	Fleet; naval force; squadron
34	工业	Gōngyè	Industry
35	必须	Bìxū	Must; have to; be obliged to; necessary
36	财务	Cáiwù	Finance; financial affairs
37	支撑	Zhīchēng	Prop up; sustain; support; strut

38	才能	Cáinéng	Talent; ability; gift; aptitude
39	维持	Wéichí	Keep; maintain; preserve; hold
40	下去	Xiàqù	Go down; descend; down
41	意识到	Yìshí dào	Realize; be conscious/aware of
42	民用企业	Mínyòng qǐyè	Civil corporation
43	我们的	Wǒmen de	Ours
44	本行	Běn háng	One's line; one's own profession; one's trade
45	多久	Duōjiǔ	How long?
46	很多钱	Hěnduō qián	A lot of money; much money; a small fortune
47	再度	Zàidù	Once more; a second time; once again
48	重工业	Zhòng gōngyè	Heavy industry; large-scale industry
49	这一次	Zhè yīcì	This time; on this occasion; for once
50	轻工业	Qīng gōngyè	Light industry
51	得到	Dédào	Get; obtain; gain; receive
52	这次	Zhè cì	This time; present; current
53	改革	Gǎigé	Reform; reformation
54	只是	Zhǐshì	Merely; only; just
55	治标不治本	Zhìbiāo bù zhìběn	Cure the symptoms, not the disease; temporary medical relief
56	根本上	Gēnběn shàng	Fundamentally; basically; radically

Chinese (中文)

自鸦片战争后，一部分国人痛定思痛，开启了自救行动，这其中比较有名的便是洋务运动。

这一场运动可以简单介绍为向西方学习。通过鸦片战争，一部分国人看到了自身与英国的差距，那就是农业与工业之间的差距。所以他们主张学习西方国家的先进技术来挽留晚清摇摇欲坠的统治。

洋务运动可以分为两部分，前半部分以"自强"为主要目的，后半部分以"求富"为主要目的。

前期，洋务派创办了许多军事工业，比如制造局，船政局，机器局等等。目的就是发展军事工业，提高国防力量。在这期间还创办了现代化海军，组建了舰队，促进了中国的现代化。

但是发展军事工业是很耗钱的，发展军工业必须要有财务上的支撑才能维持下去，洋务派也意识到了这一点。

于是洋务派后期开始转向"求富"，开始创办各种民用企业。利用本国的资源优势发展业务，这是我们的老本行，所以没过多久就赚回了很多钱，然后再度投入到重工业的发展之中。

通过这一次洋务运动，中国的重工业，轻工业都得到了有效的发展。但是这次改革也只是治标不治本，并没有从根本上解决中国的问题。

Pinyin (拼音)

Zì yāpiàn zhànzhēng hòu, yībùfèn guórén tòngdìngsītòng, kāiqǐle zìjiù xíngdòng, zhè qízhōng bǐjiào yǒumíng de biàn shì yángwù yùndòng.

Zhè yī chǎng yùndòng kěyǐ jiǎndān jièshào wèi xiàng xīfāng xuéxí. Tōngguò yāpiàn zhànzhēng, yībùfèn guórén kàn dàole zìshēn yǔ yīngguó de chājù, nà jiùshì nóngyè yǔ gōngyè zhī jiān de chājù. Suǒyǐ tāmen zhǔzhāng xuéxí xīfāng guójiā de xiānjìn jìshù lái wǎnliú wǎn qīng yáoyáoyùzhuì de tǒngzhì.

Yángwù yùndòng kěyǐ fēn wéi liǎng bùfèn, qiánbàn bùfèn yǐ "zìqiáng" wéi zhǔyào mùdì, hòu bàn bùfèn yǐ "qiú fù" wéi zhǔyào mùdì.

Qiánqí, yángwù pài chuàngbànle xǔduō jūnshì gōngyè, bǐrú zhìzào jú, chuán zhèngjú, jīqì jú děng děng. Mùdì jiùshì fāzhǎn jūnshì gōngyè, tígāo guófáng lìliàng. Zài zhè qíjiān hái chuàngbànle xiàndàihuà hǎijūn, zǔjiànle jiànduì, cùjìnle zhōngguó de xiàndàihuà.

Dànshì fāzhǎn jūnshì gōngyè shì hěn hào qián de, fāzhǎn jūn gōngyè bìxū yào yǒu cáiwù shàng de zhīchēng cáinéng wéichí xiàqù, yángwù pài yě yìshí dàole zhè yīdiǎn.

Yúshì yángwù pài hòuqí kāishǐ zhuǎnxiàng "qiú fù", kāishǐ chuàngbàn gè zhǒng mínyòng qǐyè. Lìyòng běnguó de zīyuán yōushì fāzhǎn yèwù, zhè shì wǒmen de lǎo běn háng, suǒyǐ méiguò duōjiǔ jiù zhuàn huíle hěnduō qián, ránhòu zàidù tóurù dào zhònggōngyè de fǎ zhǎn zhī zhōng.

Tōngguò zhè yīcì yángwù yùndòng, zhōngguó de zhònggōngyè, qīnggōngyè dōu dédàole yǒuxiào de fǎ zhǎn. Dànshì zhè cì gǎigé yě zhǐshì zhìbiāo bù zhìběn, bìng méiyǒu cóng gēnběn shàng jiějué zhōngguó de wèntí.

BOXER REBELLION (义和团运动)

1	战争	Zhànzhēng	War; warfare
2	过后	Guòhòu	Afterwards; later
3	再度	Zàidù	Once more; a second time; once again
4	沦陷	Lúnxiàn	Be occupied by the enemy; fall into enemy hands; submerge; flood
5	西方国家	Xīfāng guójiā	The Western countries
6	附庸	Fùyōng	Dependency; vassal; appendage
7	帝国	Dìguó	Empire
8	掀起	Xiānqǐ	Lift; raise
9	瓜分	Guāfēn	Carve up; divide up; partition
10	浪潮	Làngcháo	Tide; wave
11	这一次	Zhè yīcì	This time; on this occasion; for once
12	山东	Shāndōng	Shandong
13	竟然	Jìngrán	Unexpectedly; to one's surprise; actually; go so far as to
14	妄想	Wàngxiǎng	Vain hope; wishful thinking; delusion; kink
15	吞并	Tūnbìng	Annex; gobble up; swallow up; merger
16	山东省	Shāndōng shěng	Shandong province
17	不仅如此	Bùjǐn rúcǐ	Not only that; nor is this all; nay; Not only that; More Than That
18	趁火打劫	Chènhuǒ dǎjié	Plunder a burning house; rob the owner while his house is on fire; exploit others problems for

			personal gains
19	租界	Zūjiè	Concession; foreign settlement; leased territory
20	强盗行为	Qiángdào xíngwéi	Banditry; robbery
21	帝国主义	Dìguó zhǔyì	Imperialism
22	矛盾	Máodùn	Contradiction; contradict; contradictory
23	愈发	Yù fā	All the more; even more; further
24	激烈	Jīliè	Intense; sharp; fierce; violent
25	最终	Zuìzhōng	Final; ultimate
26	发起	Fāqǐ	Initiate; sponsor; start; launch
27	义和团	Yìhétuán	Boxer
28	起义	Qǐyì	Uprising; insurrection; revolt; stage an uprising
29	运动	Yùndòng	Motion; movement; locomotion; travel
30	最初	Zuìchū	Prime; initial; first
31	民间	Mínjiān	Among the people; popular; folk; nongovernmental
32	自发	Zìfā	Spontaneous
33	贫苦	Pínkǔ	Poor; poverty-stricken; badly off; impoverished
34	老百姓	Lǎobǎi xìng	Folk; common people
35	难以	Nányǐ	Difficult to
36	下去	Xiàqù	Go down; descend; down
37	不得已	Bùdéyǐ	Act against one's will; be forced to; have no alternative but to; have to
38	基本上	Jīběn shàng	Mainly
39	武力	Wǔlì	Force
40	镇压	Zhènyā	Suppress; repress; put down;

			execute
41	不敢	Bù gǎn	Dare not; not dare
42	得罪	Dézuì	Offend; displease
43	外国人	Wàiguó rén	Foreigner
44	自相残杀	Zì xiāng cánshā	Cut one another's throats; cause death to one another; destroy each other; fight against each other
45	自己人	Zìjǐ rén	One of us; people on one's own side
46	杀害	Shāhài	Murder; kill; destruction
47	悲伤	Bēishāng	Sad; sorrowful
48	正义	Zhèngyì	Justice; just; righteous; proper sense
49	站出来	Zhàn chūlái	Step forward; step forward bravely; come out boldly
50	接任	Jiērèn	Take over a job; replace; succeed
51	巡抚	Xúnfǔ	Grand coordinators
52	极力	Jílì	Do one's utmost; spare no effort
53	之下	Zhī xià	Under
54	纷纷	Fēnfēn	One after another; in succession
55	改名	Gǎimíng	Change the name
56	传教士	Chuánjiào shì	Missionary; preacher (of Christianity)
57	企图	Qìtú	Attempt; seek; try
58	中国人	Zhōngguó rén	Chinese
59	传教	Chuánjiào	Do missionary work; preach one's religion
60	他们的	Tāmen de	Their; theirs
61	入侵	Rùqīn	Invade; intrude; make an

			incursion; make inroads
62	西方列强	Xīfāng lièqiáng	Western powers
63	勾结	Gōujié	Collude with; play footsie; in league with
64	但是	Dànshì	But; however; yet; still
65	上台	Shàngtái	Go up onto the platform; appear on the stage
66	恢复	Huīfù	Resume; renew; return to; recover
67	之前	Zhīqián	Before; prior to; ago
68	政策	Zhèngcè	Policy
69	此时	Cǐ shí	This moment; right now; now; at present
70	已经	Yǐjīng	Already
71	八国联军	Bāguó liánjūn	The Eight-Power Allied Forces, aggressive troops sent by Britain, the United States, Germany, France, tsarist Russia, Japan, Italy and Austria in 1900, to suppress the anti-imperialist Yihetuan Movement of the Chinese people
72	侵华	Qīn huá	Aggression against China
73	太后	Tài hòu	Mother of an emperor; empress dowager; queen mother
74	剿灭	Jiǎomiè	Exterminate; wipe out
75	终究	Zhōngjiù	Eventually; in the end; after all
76	大腿	Dàtuǐ	Thigh
77	义和团运动	Yìhétuán yùndòng	Boxer Rebellion (1900)
78	以失败告终	Yǐ shībài gàozhōng	End in disaster

Chinese (中文)

甲午中日战争过后，中国再度沦陷，进一步沦为西方国家的附庸，西方帝国掀起了瓜分中国的浪潮。

这一次，山东成了焦点。因为甲午中日战争在山东爆发，山东也遭到了极大的破坏，日本竟然还妄想吞并整个山东省。不仅如此，欧洲等国趁火打劫，在山东强租租界，典型的强盗行为。

所以和帝国主义之间的矛盾愈发激烈，最终在山东发起了义和团起义运动，这便是"扶清灭洋"运动。

义和团最初并不是叫义和团，而是叫义和拳，是由民间自发组成的一个组织。而其中的大部分人，都是贫苦老百姓，由于清政府的无作为而难以生存下去，所以不得已走上起义的道路。

虽然义和拳主张的是"扶清灭洋"，但是清政府对待义和拳基本上武力镇压，因为这个时候的清政府不敢得罪外国人，所以只能自相残杀，自己人杀害自己人，这是多么悲伤的一件事情啊。

但是总有正义的人士会站出来，一个叫毓贤的人接任山东巡抚后，在他的极力坚持之下，义和拳是得到了合法的承认的。也正因如此，义和拳发展的很快，各地的义和拳纷纷改名为义和团。

义和团成员主要针对的就是西方的传教士，他们企图向中国人传教，传播他们的思想，这便是思想和文化入侵，还有就是与西方列强勾结的地方官员，尽管都是中国人，但是人和人之间的差距还是挺大的。

但是袁世凯上台后，又恢复了之前的政策，对义和团进行武力镇压，但是此时的义和团已经发展的很快了。

八国联军侵华的时候，由于慈禧太后害怕西方列强，于是派兵剿灭义和团，最后终究是胳膊拧不过大腿，义和团运动以失败告终。

Pinyin (拼音)

Jiǎwǔ zhōng rì zhànzhēng guòhòu, zhōngguó zàidù lúnxiàn, jìnyībù lún wèi xīfāng guójiā de fùyōng, xīfāng dìguó xiānqǐle guāfēn zhōngguó de làngcháo.

Zhè yīcì, shāndōng chéngle jiāodiǎn. Yīnwèi jiǎwǔ zhōng rì zhànzhēng zài shāndōng bàofā, shāndōng yě zāo dàole jí dà de pòhuài, rìběn jìngrán hái wàngxiǎng tūnbìng zhěnggè shāndōng shěng. Bùjǐn rúcǐ, ōuzhōu děng guó chènhuǒdǎjié, zài shāndōng qiáng zū zūjiè, diǎnxíng de qiángdào xíngwéi.

Suǒyǐ hé dìguó zhǔyì zhī jiān de máodùn yù fā jīliè, zuìzhōng zài shāndōng fāqǐle yìhétuán qǐyì yùndòng, zhè biàn shì "fú qīng miè yáng" yùndòng.

Yìhétuán zuìchū bìng bùshì jiào yìhétuán, ér shì jiào yì hé quán, shì yóu mínjiān zìfā zǔchéng de yīgè zǔzhī. Ér qízhōng de dà bùfèn rén, dōu shì pínkǔ lǎobǎixìng, yóuyú qīng zhèngfǔ de wú zuòwéi ér nányǐ shēngcún xiàqù, suǒyǐ bùdéyǐ zǒu shàng qǐyì de dàolù.

Suīrán yì hé quán zhǔzhāng de shì "fú qīng miè yáng", dànshì qīng zhèngfǔ duìdài yì hé quán jīběn shàng wǔlì zhènyā, yīnwèi zhège shíhòu de qīng zhèngfǔ bù gǎn dézuì wàiguó rén, suǒyǐ zhǐ néng zì xiāng cánshā, zìjǐ rén shāhài zìjǐ rén, zhè shì duōme bēishāng de yī jiàn shìqíng a.

Dànshì zǒng yǒu zhèngyì de rénshì huì zhàn chūlái, yīgè jiào yù xián de rén jiērèn shāndōng xúnfǔ hòu, zài tā de jílì jiānchí zhī xià, yì hé quán shì dédàole héfǎ de chéngrèn de. Yě zhèng yīn rúcǐ, yì hé quán fāzhǎn de hěn kuài, gèdì de yì hé quán fēnfēn gǎimíng wèi yìhétuán.

Yìhétuán chéngyuán zhǔyào zhēnduì de jiùshì xīfāng de chuánjiào shì, tāmen qìtú xiàng zhōngguó rén chuánjiào, chuánbò tāmen de sīxiǎng, zhè biàn shì sīxiǎng hé wénhuà rùqīn, hái yǒu jiùshì yǔ xīfāng lièqiáng gōujié dì dìfāng guānyuán, jǐnguǎn dōu shì zhōngguó rén, dànshì rén hé rén zhī jiān de chājù háishì tǐng dà de.

Dànshì yuánshìkǎi shàngtái hòu, yòu huī fù liǎo zhīqián de zhèngcè, duì yìhétuán jìnxíng wǔlì zhènyā, dànshì cǐ shí de yìhétuán yǐjīng fāzhǎn de hěn kuàile.

Bāguó liánjūn qīn huá de shíhòu, yóuyú cíxǐ tàihòu hàipà xīfāng lièqiáng, yúshì pàibīng jiǎomiè yìhétuán, zuìhòu zhōngjiù shì gēbó nǐng bù guo dàtuǐ, yìhétuán yùndòng yǐ shībài gàozhōng.

EIGHT ALLIED FORCES INVADED CHINA (八国联军侵华)

1	镇压	Zhènyā	Suppress; repress; put down; execute
2	义和团	Yìhétuán	Boxer
3	起义	Qǐyì	Uprising; insurrection; revolt; stage an uprising
4	中国	Zhōngguó	China; Sino-
5	发动	Fādòng	Start; launch; engine on; get started
6	声势浩大	Shēngshì hàodà	Great in strength and impetus; gigantic and vigorous; influential; large-scale
7	侵华	Qīn huá	Aggression against China
8	战争	Zhànzhēng	War; warfare
9	此时	Cǐ shí	This moment; right now; now; at present
10	政府	Zhèngfǔ	Government
11	毫无	Háo wú	Not in the least
12	作为	Zuòwéi	Conduct; deed; action
13	焦头烂额	Jiāotóu làn'é	Be scorched by the flames; badly battered; beat somebody's head off; be bruised and battered
14	根本	Gēnběn	Root; radical; basic; fundamental
15	无力	Wúlì	Lack strength; feel weak; unable; incapable
16	反抗	Fǎnkàng	Revolt; resist; react

17	外国	Wàiguó	Foreign country
18	侵略者	Qīnlüè zhě	Aggressor; invader
19	迫于	Pò yú	Constrain
20	人民	Rénmín	The people
21	压力	Yālì	Pressure; tension; overwhelming force
22	答应	Dāyìng	Answer; reply; respond
23	反抗	Fǎnkàng	Revolt; resist; react
24	实际上	Shíjì shang	Actually; in fact; in reality; in practical terms
25	镇压	Zhènyā	Suppress; repress; put down; execute
26	义和团	Yìhétuán	Boxer
27	讨好	Tǎohǎo	Ingratiate oneself with; fawn on; play up to
28	外国人	Wàiguó rén	Foreigner
29	战争	Zhànzhēng	War; warfare
30	毫无	Háo wú	Not in the least
31	胜算	Shèng suàn	A stratagem which ensures success
32	议和	Yìhé	Negotiate peace; make peace; conduct peace negotiations
33	签订	Qiāndìng	Conclude and sign
34	条约	Tiáoyuē	Convention; treaty; pact
35	列强	Lièqiáng	Big powers
36	附庸	Fùyōng	Dependency; vassal; appendage
37	西方列强	Xīfāng lièqiáng	Western powers
38	逼迫	Bīpò	Force; compel; coerce; constrain
39	不满足	Bù mǎnzú	Discontent; Not satisfied; dissatisfy

40	闯进	Chuǎng jìn	Burst in
41	太后	Tàihòu	Mother of an emperor; empress dowager; queen mother
42	连忙	Lián máng	Promptly; immediately; instantly; in a hurry
43	逃走	Táozǒu	Run away; flee; take flight; take to one's heels
44	侵略者	Qīnlüè zhě	Aggressor; invader
45	掠夺	Lüè duó	Plunder; rob; pillage
46	无恶不作	Wú'è bùzuò	Commit all sorts of crimes; be as wicked as possible
47	珍宝	Zhēnbǎo	Jewelry; treasure; gem
48	被侵略者	Bèi qīnlüè zhě	Victim of aggression
49	抢夺	Qiǎngduó	Snatch; wrest; seize; grab
50	拿走	Ná zǒu	Take/bring away
51	火烧	Huǒshāo	Burn; baked wheaten cake
52	圆明园	Yuán míng yuán	Imperial garden and palace burnt by British/French troops in 1860
53	下场	Xiàchǎng	Go off stage; exit; leave the playing field; take one's exit
54	大火	Dàhuǒ	Big fire; conflagration
55	一时	Yīshí	For a short while; temporary; momentary
56	废墟	Fèixū	Ruins; remainder; wasteland; wastage
57	不仅如此	Bùjǐn rúcǐ	Not only that; nor is this all; nay; Not only that; More Than That
58	俄国	Éguó	Russia

59	趁虚而入	Chèn xū ér rù	Avail oneself of the opportunity to get in
60	吞并	Tūnbìng	Annex; gobble up; swallow up; merger
61	国土	Guótǔ	Territory; land
62	教训	Jiàoxùn	Lesson; moral
63	外交	Wàijiāo	Diplomacy; foreign affairs
64	强大	Qiángdà	Big and powerful; powerful; formidable
65	维护	Wéihù	Safeguard; defend; uphold; stick up for
66	和平	Hépíng	Peace; mild

Chinese (中文)

1900年，英、法、德、俄、美、日、意、奥八国以镇压义和团起义为由，向中国发动声势浩大的侵华战争。

此时的清政府，已经是毫无作为了，外忧加上内患，清政府忙的焦头烂额，根本无力反抗外国侵略者。

迫于人民的压力，清政府明面上答应反抗，但是实际上连清政府都在镇压义和团，讨好外国人。

这场战争清朝毫无胜算，最后清政府提出议和，签订了《辛丑条约》，自此以后，中国完全沦为列强的附庸。

西方列强逼迫中国签订了《辛丑条约》还不满足，还闯进北京城，慈禧太后和皇帝连忙逃走了，侵略者在北京城更加肆意妄为，烧杀掠夺，无恶不作。

北京城内的珍宝几乎都被侵略者抢夺了去，他们把能拿的都拿走了，拿不走的，就一把火烧了，这便是圆明园的下场，大火烧了三天三夜，曾经辉煌一时的圆明园，此刻成了一堆废墟。

不仅如此，俄国还趁虚而入，吞并了了我国大量的国土面积。

历史的教训告诉我们，弱国无外交，只有强大起来，才能维护自身的和平与稳定。

Pinyin (拼音)

1900 Nián, yīng, fǎ, dé, é, měi, rì, yì, ào bāguó yǐ zhènyā yìhétuán qǐyì wèi yóu, xiàng zhōngguó fādòng shēngshì hàodà de qīn huá zhànzhēng.

Cǐ shí de qīng zhèngfǔ, yǐjīng shì háo wú zuòwéile, wài yōu jiā shàng nèi huàn, qīng zhèngfǔ máng de jiāotóulàn'é, gēnběn wúlì fǎnkàng wàiguó qīnlüè zhě.

Pò yú rénmín de yālì, qīng zhèngfǔ míng miàn shàng dāyìng fǎnkàng, dànshì shíjì shang lián qīng zhèngfǔ dōu zài zhènyā yìhétuán, tǎohǎo wàiguó rén.

Zhè chǎng zhànzhēng qīngcháo háo wú shèngsuàn, zuìhòu qīng zhèngfǔ tíchū yìhé, qiāndìngle "xīn chǒu tiáoyuē", zì cǐ yǐhòu, zhōngguó wánquán lún wèi lièqiáng de fùyōng.

Xīfāng liè qiǎng bīpò zhōngguó qiāndìngle "xīn chǒu tiáoyuē" hái bù mǎnzú, hái chuǎng jìn běijīng chéng, cíxǐ tàihòu hé huángdì liánmáng táozǒule, qīnlüè zhě zài běijīng chéng gèngjiā sìyì wàngwéi, shāo shā lüèduó, wú'èbùzuò.

Běijīng chéngnèi de zhēnbǎo jīhū dōu bèi qīnlüè zhě qiǎngduóle qù, tāmen bǎ néng ná de dōu ná zǒule, ná bù zǒu de, jiù yī bǎ huǒshāole, zhè biàn shì yuánmíngyuán de xiàchǎng, dàhuǒ shāole sān tiān sān yè, céngjīng huīhuáng yīshí de yuánmíngyuán, cǐkè chéngle yī duī fèixū.

Bùjǐn rúcǐ, éguó hái chèn xū ér rù, tūnbìngliǎoliǎo wǒguó dàliàng de guótǔ miànjī.

Lìshǐ de jiàoxùn gàosù wǒmen, ruò guó wú wàijiāo, zhǐyǒu qiángdà qǐlái, cáinéng wéihù zìshēn de hépíng yǔ wěndìng.

www.ingramcontent.com/pod-product-compliance
Lightning Source LLC
LaVergne TN
LVHW061959070526
838199LV00060B/4198